AF394842

LA CHARTE

CONSTITUTIONNELLE,

APPUYÉE, EN 1830,

SUR LE

CONTRAT SOCIAL;

ACCEPTÉE ET JURÉE PAR

S. M. LOUIS-PHILIPPE Ier,

Proclamé Roi des Français;

AVEC LES DOCUMENS RELATIFS A SON AVÉNEMENT;

Et suivie

DE DEUX PROJETS DANS L'INTÉRÊT DES CLASSES NÉCESSITEUSES,

DICTÉS PAR L'HUMANITÉ ET LA PHILANTHROPIE.

Dédiée

AU COURAGE DE LA GARDE NATIONALE

DE PARIS.

Par un Étudiant en Droit

A LA FACULTÉ DE PARIS,

En l'honneur et au profit des Martyrs

DE LA LIBERTÉ.

1830.

IMPRIMERIE DE CARPENTIER-MÉRICOURT,
Rue Traînée, n. 15, près St-Eustache.

Au Courage

DE

LA GARDE NATIONALE DE PARIS.

Sous le règne paisible des lois, les disciples de Thémis sont chargés d'applanir les différens; mais quand l'anarchie s'insurge pour détruire ce rempart, il faut une autre autorité; c'est au peuple qu'il appartient de fonder ou de retremper ses institutions.

Le contrat où est tracé l'itinéraire de sa conduite consacre sa souveraineté.

La Nation Française a placé dans Paris son levier formidable; le mouvement subit qu'elle lui a imprimé a ébranlé jusqu'aux extrémités les plus reculées du territoire; la commotion a été si violente, que toutes les nations de l'Europe en ont tressailli, et sont encore émues par une vive oscillation.

Sa nouvelle existence, exempte de toute souillure et pure comme les principes qui l'ont produite, couronne cette noble entreprise; ce grand œuvre fait toute la gloire de son auteur; le contrat social lui a servi de modèle, il a été son archétype, et la charte, son ouvrage, préparée sous les auspices du régénérateur des deux mondes, dont le bras a été l'appui du prince qui en a juré l'exécution, est le plus digne hommage que je puisse offrir à un si grand conrage.

Mais on s'indignera de ma témérité : simple adepte à l'école de la philosophie, vouloir faire l'application des préceptes du docteur ! Je répondrai par l'exemple des apôtres du christianisme, hommes grossiers et modestes, qui, en prêchant l'évangile, ont rendu vénérable, par la tradition, ce mystère allégorique : que le *maître avait rebâti en trois jours le temple détruit;* tandis que ma tâche se borne à attester à la postérité, sur le témoignage de millions de citoyens, cette vérité : Des mains impies ayant travaillé long-temps à déchirer le pacte fondamental, à renverser l'édifice social, Israël s'est levé soudain, et, en trois jours, il a reconstruit son temple.

CONTRAT SOCIAL.

Son Application en 1830.

Le plus bel hommage que la postérité puisse rendre aux citoyens qui ont combattu pour la liberté, dans les trois journées de juillet 1830, est le témoignage d'avoir suivi les règles du contrat social : ils se sont montrés citoyens et philosophes.

« Je veux chercher si, dans l'ordre civil, il peut y avoir quelque règle d'administration légitime et sûre, en prenant les hommes tels qu'ils sont, et les lois telles qu'elles peuvent être. Je tâcherai d'allier toujours dans cette recherche ce que le droit permet avec ce que l'intérêt prescrit, afin que la justice et l'utilité ne se trouvent point divisées.

» J'entre en matière sans prouver l'importance de mon sujet.

» On me demandera si je suis prince ou législateur, pour écrire sur la politique. Je réponds: non, et c'est pour cela que j'écris sur la politique. Si j'étais prince ou législateur, je ne perdrais pas mon tems à dire ce qu'il faut faire ; je le ferais, ou je me tairais.

» Né citoyen d'un état libre (1), et membre du souverain, quelque faible influence que puisse avoir ma voix dans les affaires publiques, le droit d'y voter suffit pour m'imposer le devoir de m'en instruire. Heureux, toutes les fois que je médite sur les gouvernemens, de trouver toujours dans mes

______
(1) République de Génève.

recherches de nouvelles raisons d'aimer celui de mon pays. (*Cont. soc. liv.* 1. *préamb.*) »

Argument. — Le peuple de Paris a mis en pratique la maxime de Jean-Jacques; au lieu de perdre son tems à délibérer sur ce qu'il fallait faire, il a agi spontanément, et il a héroïquement vaincu.

» Comme la volonté particulière agit sans cesse contre la volonté générale, ainsi le gouvernement fait un effort continuel contre la souveraineté. Plus cet effort augmente, plus la Constitution s'altère; et comme il n'y a point ici d'autre volonté de corps, qui résistant à celle du prince, fasse équilibre avec elle, il doit arriver, tôt ou tard, que le prince opprime enfin le souverain et rompe le traité social. C'est là le vice inhérent et inévitable, qui, dès la naissance du corps politique, tend sans relâche à le détruire, de même que la vieillesse et la mort détruisent enfin le corps de l'homme.

» Il y a deux voies générales par lesquelles un gouvernement dégénère; savoir : quand il se resserre, ou quand l'Etat se dissout.

» Le gouvernement se resserre, quand il passe du grand nombre au petit, c'est-à-dire, de la démocratie à l'aristocratie, et de l'aristocratie à la royauté. C'est là son inclination naturelle. S'il rétrogradait du petit nombre au grand, on pourrait dire qu'il se relâche; mais le progrès inverse est impossible.

» En effet, jamais le Gouvernement ne change de forme que quand son ressort usé le laisse trop s'affaiblir pour conserver la sienne. Or, s'il se relâchait encore en s'étendant, sa forme deviendrait tout-à-fait nulle, et il subsisterait encore moins; il faut donc remonter et serrer le ressort à mesure qu'il cède : autrement l'Etat qu'il soutient tomberait en ruine.

» Le cas de la dissolution de l'Etat peut arriver de deux manières.

» Premièrement : quand le prince n'administre plus l'état

selon les lois, et qu'il usurpe le pouvoir souverain. Alors il se fait un changement remarquable : c'est que, non pas le Gouvernement, mais l'Etat se resserre. Je veux dire que le grand Etat se dissout, et qu'il s'en forme un autre dans celui là, composé seulement des membres du Gouvernement, *et qui n'est plus rien au reste du peuple que son maître et son tyran.* De sorte qu'à l'instant que le gouvernement usurpe la souveraineté, le pacte social est rompu, et tous les simples citoyens, rentrés de droit dans leur liberté naturelle, sont forcés, mais non pas obligés d'obéir (1).

» Le même cas arrive aussi, quand les membres du Gouvernement usurpent séparément le pouvoir qu'ils ne doivent exercer qu'en corps, ce qui n'est pas une moindre infraction des lois, et produit encore un plus grand désordre. Alors on a, pour ainsi dire, autant de princes que de magistrats, et l'Etat non moins divisé que le Gouvernement, périt ou change de forme.

» Quand l'Etat se dissout, l'abus du Gouvernement, quel qu'il soit, prend le nom commun d'*anarchie.* En distinguant, la démocratie dégénère en *ochlocratie,* l'aristocratie en *oligarchie.* J'ajouterais que la royauté dégénère en *tyrannie.* Mais ce dernier mot est équivoque et demande explication.

» Dans le sens vulgaire, un tyran est un roi qui gouverne avec violence et sans égard à la justice et aux lois. Dans le sens précis, un tyran est un particulier qui s'arroge l'autorité royale sans y avoir droit. C'est ainsi que les Grecs entendaient ce mot de *tyran.* Ils le donnaient indifféremment aux bons et aux mauvais princes dont l'autorité n'était pas légitime. Ainsi *tyran* et *usurpateur* sont des mots parfaitement synonymes.

» Pour donner différens noms à différentes choses, j'appèle *tyran* l'usurpateur de l'autorité royale, et *despote* l'usurpateur du pouvoir souverain. Le tyran est celui qui

______

(1) Tel était le gouvernement usurpateur du 25 juillet 1830.

s'ingère contre les lois à gouverner selon les lois; le despote est celui qui se met au dessus des lois mêmes. Ainsi le tyran peut n'être pas despote : mais le despote est toujours tyran. (*Liv. 3. ch. 16*).»

Arg. L'étrange abus où nous plongeait le gouvernement homicide était l'introduction à l'anarchie : l'élan national a abattu ce monstre, en délivrant la France du despotisme qui la couvrait d'un immense réseau; mais c'est un remède extrême auquel il n'a fallu recourir que parce qu'on n'a pas arrêté plus tôt les progrès de la tyrannie.

» Telle est la pente naturelle et inévitable des gouvernemens les mieux constitués. Si Sparte et Rome ont péri, quel état peut espérer de durer toujours? Si nous voulons former un établissement durable, ne songeons donc point à le rendre éternel. Pour réussir, il ne faut pas tenter l'impossible, ni se flatter de donner à l'ouvrage des hommes une solidité que les choses humaines ne comportent pas.

» Le corps politique, aussi bien que le corps de l'homme, commence à mourir dès sa naissance, et porte en lui-même les causes de sa destruction; mais l'un et l'autre peut avoir une constitution plus ou moins robuste, et propre à le conserver plus ou moins long-tems. La constitution de l'homme est l'ouvrage de la nature, celle de l'état est l'ouvrage de l'art. Il ne dépend pas des hommes de prolonger leur vie, mais il dépend d'eux de prolonger celle de l'Etat aussi loin qu'il est possible, en lui donnant la meilleure constitution qu'il puisse avoir. Le mieux constitué finira, mais plus tard qu'un autre, si nul accident imprévu n'amène sa perte avant le tems.

» Le principe de la vie politique est dans l'autorité souveraine. La puissance législative est le cœur de l'Etat; la puissance exécutive en est le cerveau, qui donne le mouvement à toutes les parties. Le cerveau peut tomber en paralysie et l'individu vivre encore. Un homme reste imbécille et vit. Mais sitôt que le cœur a cessé ses fonctions, l'animal est mort.

» Ce n'est pas par les lois que l'Etat subsiste, c'est par le pouvoir législatif. La loi d'hier n'oblige pas aujourd'hui; mais le consentement tacite est présumé du silence ; et le souverain est censé confirmer incessamment les lois qu'il n'abroge pas, pouvant le faire. Tout ce qu'il a déclaré vouloir une fois, il le veut toujours, à moins qu'il ne le révoque.

» Pourquoi donc porte-t-on tant de respect aux anciennes lois? C'est pour cela même. On doit croire qu'il n'y a que l'excellence des volontés antiques qui les ait pu conserver si long-temps. Si le souverain ne les eût reconnues constamment salutaires, il les eût mille fois révoquées. Voilà pourquoi, loin de s'affaiblir, les lois acquièrent sans cesse une force nouvelle dans tout état bien constitué ; le préjugé de l'antiquité les rend chaque jour plus vénérables; au lieu que partout où les lois s'affaiblissent en vieillissant, cela prouve qu'il n'y a plus de pouvoir législatif, et que l'état ne vit plus (*Ch.* 11). »

Arg. L'Autorité souveraine est dans le peuple, lorsque le corps politique est dissous. Aussi, le peuple l'a bien compris, et il en réclame judicieusement les avantages ; mais, comme la multitude ne peut pas commodément délibérer sans tumulte, le peuple remet la discussion à ses élus, et se réserve la sanction.

» Le souverain n'ayant d'autre force que la puissance législative, n'agit que par les lois, et les lois n'étant que des actes authentiques de la volonté générale, le souverain ne saurait agir que quand le peuple est assemblé. Le peuple assemblé, dira-t-on? Quelle chimère! C'est une chimère aujourd'hui, mais ce n'en était pas une il y a deux mille ans ; les hommes ont-ils changé de nature?

» Les bornes du possible dans les choses morales sont moins étroites que nous ne pensons : ce sont nos faiblesses, nos vices, nos préjugés qui les rétrécissent. Les âmes basses ne croient point aux grands hommes ; de vils esclaves sourient d'un air moqueur à ce mot de *liberté*.

» Par ce qui s'est fait, considérons ce qui se peut faire : je ne parlerai pas des anciennes républiques de la Grèce ; mais la république romaine était, ce me semble, un grand état, et la ville de Rome une grande ville. Le dernier cens donna dans Rome quatre cent mille citoyens portant armes ; et le dernier dénombrement de l'empire plus de quatre millions de citoyens, sans compter les sujets, les étrangers , les femmes, les enfans, les esclaves.

» Quelle difficulté n'imaginerait-on pas, d'assembler fréquemment le peuple immense de cette grande capitale et de ses environs ! Cependant il se passait peu de semaines que le peuple romain ne fût assemblé, et même plusieurs fois. Non-seulement il exerçait les droits de la souveraineté, mais une partie de ceux du gouvernement ; il traitait certaines affaires ; il jugeait certaines causes, et tout le peuple était sur la place publique, presque aussi souvent magistrat que citoyen.

» En remontant aux premiers tems des nations, on trouverait que la plupart des anciens gouvernemens, même monarchiques, tels que ceux des Macédoniens et des Francs, avaient de semblables conseils. Quoi qu'il en soit, ce seul fait incontestable répond à toutes les difficultés : de l'existant au possible, la conséquence me paraît bonne (*Ch.* 12). »

Arg. L'éducation du peuple a fait des progrès tels, qu'il est devenu presque un modèle de sagesse : il ne réclame la liberté que sous l'empire des lois qui le protégent, en veillant à sa sureté.

« Il ne suffit pas que le peuple assemblé ait une fois fixé la constitution de l'état, en donnant la sanction à un corps de lois ; il ne suffit pas qu'il ait établi un gouvernement perpétuel, ou qu'il ait pourvu, une fois pour toutes, à l'élection des magistrats. Outre les assemblées extraordinaires que des cas imprévus peuvent exiger, il faut qu'il y en ait de fixes et de périodiques, que rien ne puisse abolir ni proroger ; tellement qu'au jour marqué, le peuple soit légitimement convoqué par la loi, sans qu'il soit besoin, pour cela, d'aucune autre convocation formelle.

» Mais, hors de ces assemblées, juridiques par leur seule date, toute assemblée du peuple, qui n'aura pas été convoquée par les magistrats préposés à cet effet selon les formes prescrites, doit être tenue pour illégitime et tout ce qui s'y fait pour nul, parce que l'ordre même de s'assembler doit émaner de la loi.

» Quant aux retours plus ou moins fréquens des assemblées légitimes, ils dépendent de tant de considérations, qu'on ne saurait donner là dessus de règles précises. Seulement on peut dire, en général, que plus le gouvernement a de force, plus le souverain doit se montrer fréquemment.

» Ceci, me dira-t-on, peut être bon pour une seule ville ; mais que faire quand l'État en comprend plusieurs ? Partagera-t-on l'autorité souveraine, ou bien doit-on la concentrer dans une seule ville et assujettir tout le reste ?

» Je réponds qu'on ne doit faire ni l'un ni l'autre. Premièrement, l'autorité souveraine est simple et une, et l'on ne peut la diviser sans la détruire. En second lieu, une ville, non plus qu'une nation, ne peut être légitimement sujette d'une autre, parce que l'essence du corps politique est dans l'accord de l'obéissance et de la liberté, et que les mots de *sujet* et de *souverain* sont des corrélations identiques dont l'idée se réunit sous le seul mot de *citoyen*.

» Je réponds encore que c'est toujours un mal d'unir plusieurs villes en une seule cité, et que, voulant faire cette union, l'on ne doit pas se flatter d'en éviter les inconvéniens naturels. Il ne faut point objecter l'abus des grands États à celui qui n'en veut que de petits. Mais, comment donner aux petits États assez de force pour résister aux grands, comme jadis les villes grecques résistèrent au grand roi, et comme plus récemment la Hollande et la Suisse ont résisté à la maison d'Autriche ?

» Toutefois, si l'on ne peut réduire l'État à de justes bornes, il reste encore une ressource, c'est de n'y point souffrir de capitale ; de faire siéger le gouvernement alternativement dans chaque ville, et d'y rassembler aussi tour à tour les États du pays.

» Peuplez également le territoire ; étendez-y partout les mêmes droits, portez-y partout l'abondance et la vie ; c'est ainsi que l'État deviendra . tout à la fois, le plus fort et le mieux gouverné qu'il soit possible. Souvenez-vous que les murs des villes ne se forment que du débris des maisons des champs. A chaque palais que je vois élever dans la capitale, je crois voir mettre en mâsure tout un pays (*Ch.* 13).»

Arg. Renouveler l'assentiment, la sanction que le peuple donne à ses constitutions, serait un spectacle bien imposant dont il appartient à sa sagesse d'apprécier l'utilité. La fréquence de ces assemblées aurait peut-être ses inconvéniens ; mais comme le terme moyen de la vie de l'homme est fixé à peu près à 25 ans, de scomices établis une fois dans cette période assureraient à chaque génération la connaissance et la vérification des statuts qui la gouvernent ; çe serait une sorte de jubilé national.

» A l'instant que le peuple est légitimement assemblé en corps souverain, toute juridiction du gouvernement cesse, la puissance exécutive est suspendue, et la personne du dernier citoyen est aussi sacrée et inviolable que celle du premier magistrat, parce qu'où se trouve le représenté, il n'y a plus de représentans. La plupart des tumultes qui s'élevèrent à Rome dans les comices vinrent d'avoir ignoré ou négligé cette règle ; les consuls alors n'étaient que les présidens du peuple ; les tribuns de simples orateurs ; le sénat n'était rien du tout.

» Ces intervalles de suspension, où le prince reconnaît ou doit reconnaître un supérieur actuel, lui ont toujours été redoutables; et ces assemblées du peuple, qui sont l'égide du corps politique et le frein du gouvernement, ont été de tout tems l'horreur des chefs : aussi n'épargnent-ils jamais ni soins, ni objections, ni difficultés, ni promesses pour en rebuter les citoyens. Quand ceux-ci sont avares, lâches, pusillanimes, plus amoureux du repos que de la liberté; ils ne tiennent pas long-tems contre les efforts redoublés du gouvernement; c'est ainsi que la force résistante augmentant sans cesse, l'autorité souveraine s'évanouit à la fin, et que la plupart des cités tombent et périssent avant le tems.

» Mais entre l'autorité souveraine et le gouvernement arbitraire, il s'introduit quelquefois un pouvoir moyen dont il faut parler (*Ch.* 14). »

Arg. Ce caractère de souveraineté rend à l'homme toute sa dignité, et le peuple français, bien pénétré de l'excellence de son être, sera toujours juste, mais surtout grand dans ces majestueuses délibérations.

« Sitôt que le service public cesse d'être la principale affaire des citoyens, et qu'ils aiment mieux servir de leur bourse que de leur personne, l'état est déjà près de sa ruine. Faut-il marcher au combat? ils payent des troupes et restent chez eux. Faut-il aller au conseil? ils nomment des députés et restent chez eux. A force de paresse et d'argent ils ont enfin des soldats pour asservir la patrie et des représentans pour la vendre.

» C'est le tracas du commerce et des arts, c'est l'avide intérêt du gain, c'est la mollesse et l'amour des commodités qui changent les services personnels en argent : on cède une partie de son profit pour l'augmenter à son aise. Donnez de l'argent et bientôt vous aurez des fers. Ce mot de *finance* est un mot d'esclave; il est inconnu dans la cité. Dans un état libre, les citoyens font tout avec leurs bras et rien avec de l'argent; loin de payer pour s'exempter de leurs devoirs, ils payeront pour les remplir eux-mêmes. Je suis loin des idées communes; je crois les corvées moins contraires à la liberté que les taxes.

» Mieux l'état est constitué, plus les affaires publiques l'emportent sur les privées dans l'esprit des citoyens ; il y a même beaucoup moins d'affaires privées, parce que la somme du bonheur commun fournissant une portion plus considérable à celui de chaque individu, il lui en reste moins à chercher dans les soins particuliers. Dans une cité bien conduite chacun vole aux assemblées : sous un mauvais gouvernement, nul n'aime à faire un pas pour s'y rendre, parce nul ne prend intérêt à ce qui s'y fait, qu'on prévoit que la volonté générale n'y dominera pas, et qu'enfin les soins domestiques absorbent tout. Les bonnes lois en font faire de meilleures, les mauvaises en amènent de pires. Sitôt que quelqu'un dit des affaires de l'état : *Que m'importe ?* on doit compter que l'état est perdu.

» L'attiédissement de l'amour de la patrie, l'activité de l'intérêt privé, l'immensité des états, les conquêtes, l'abus du gouvernement, ont fait imaginer la voie des députés, ou représentans du peuple dans les assemblées de la nation ; c'est ce qu'en certains pays on ose appeler le tiers-état. Ainsi l'intérêt particulier de deux ordres est mis au premier et au second rang, l'intérêt public n'est qu'au troisième.

» La souveraineté ne peut être représentée par la même raison qu'elle ne peut être aliénée ; elle consiste essentiellement dans la volonté générale, et la volonté ne se représente point : elle est la même ou elle est autre ; il n'y a point de milieu. Les députés du peuple ne sont donc ni ne peuvent être ses représentans ; ils sont ses commissaires, ils ne peuvent rien conclure définitivement. Toute loi que le peuple en personne n'a pas ratifiée est nulle ; ce n'est point une loi. Le peuple anglais pense être libre : il se trompe fort ; il ne l'est que durant l'élection des membres du parlement. Sitôt qu'ils sont élus, il est esclave, il n'est rien. Dans les courts momens de sa liberté, l'usage qu'il en fait mérite bien qu'il la perde.

» L'idée des représentans est moderne ; elle nous vient du

gouvernement féodal, cet inique et absurde gouvernement, dans lequel l'espèce humaine est dégradée, et où le nom d'homme est en déshonneur. Dans les anciennes républiques, et même dans les monarchies, jamais le peuple n'eut de représentans; on ne connaissait pas ce mot-là. Il est très-singulier qu'à Rome, où les tribuns étaient si sacrés, on n'ait pas même imaginé qu'ils pussent usurper les fonctions du peuple, et qu'au milieu d'une si grande multitude ils n'aient jamais tenté de passer de leur chef un seul plébiscite. Qu'on juge cependant de l'embarras que causait quelquefois la foule par ce qui arriva du temps des Gracques, où une partie des citoyens donnait son suffrage de dessus les toits.

» Où le droit et la liberté sont toutes choses les inconvéniens ne sont rien. Chez ce sage peuple tout était mis à sa juste mesure; il laissait faire à ses licteurs ce que les tribuns n'eussent osé faire : il ne craignait pas que ses licteurs voulussent le représenter.

» Pour expliquer cependant comment les tribuns le représentaient quelquefois, il suffit de concevoir comment le gouvernement représente le souverain. La loi n'étant que la déclaration de la volonté générale, il est clair que dans la puissance législative le peuple ne peut être représenté; mais il peut et doit l'être dans la puissance exécutive, qui n'est que la force appliquée à la loi. Ceci fait voir qu'en examinant bien les choses, on trouverait que très-peu de nations ont des lois. Quoi qu'il en soit, il est sûr que les tribuns, n'ayant aucune partie du pouvoir exécutif, ne purent jamais représenter le peuple romain par les droits de leur charge, mais en usurpant ceux du sénat.

» Chez les Grecs, tout ce que le peuple avait à faire, il le faisait par lui-même; il était sans cesse assemblé sur la place. Il habitait un climat doux, il n'était point avide, des esclaves faisaient ses travaux, sa grande affaire était sa liberté. N'ayant plus les mêmes avantages, comment conserver les mêmes droits? Vos climats plus durs vous donnent plus de besoins; six mois de l'année, la place n'est pas tenable; vos langues sourdes ne peuvent se faire entendre en plein air; vous donnez plus à votre gain qu'à votre liberté, et vous craignez bien moins l'esclavage que la misère.

» Quoi! la liberté ne se maintient qu'à l'appui de la servitude? Peut-être. Les deux excès se touchent. Tout ce qui n'est point dans la nature a ses inconvéniens, et la société civile plus que tout le reste. Il y a telles positions malheureuses où l'on ne peut conserver sa liberté qu'aux dépens de celle d'autrui, et où le citoyen ne peut être parfaitement libre que l'esclave ne soit extrêmement esclave : telle était la position de Sparte. Pour vous, peuples modernes, vous n'avez point d'esclaves; mais vous l'êtes; vous payez leur liberté de la vôtre; vous avez beau vanter cette préférence, j'y trouve plus de lâcheté que d'humanité.

» Je n'entends point, par tout cela, qu'il faille avoir des esclaves, ni que le droit de l'esclavage soit légitime, puisque j'ai prouvé le contraire; je dis seulement les raisons pourquoi les peuples modernes, qui se croient libres, ont des représentans, et pourquoi les peuples anciens n'en avaient pas. Quoi qu'il en soit, à l'instant qu'un peuple se donne des représentans, il n'est plus libre, il n'est plus.

» Tout bien examiné, je ne vois pas qu'il soit désormais possible au souverain de conserver parmi nous l'exercice de ses droits, si la cité n'est très-petite. Mais, si elle est très-petite, elle sera subjuguée? Non : je ferai voir ci-après comment on peut réunir la puissance extérieure d'un grand peuple avec la police aisée et le bon ordre d'un petit état (*Ch.* 15.) »

Arg. Pendant l'exercice de sa souveraineté, la nation ne reconnaît ni députés ni représentans. Elle accorde la plus intime confiance à ses élus, aux hommes recommandables par leurs vertus, leurs lumières et leurs talens; mais elle ne les proclame que ses conseils, ses organes, les présidens de ses délibérations.

Quand il s'agit de la constitution, de la loi fondamentale, le peuple veut voter en personne ; ses délégués n'ont ensuite de mission, èn son nom, que pour la confection des lois de police, et dans les limites de cette barrière.

Lorsque le despotisme leva une tête altière et menaçante, le peuple ne s'embarrassa ni de chercher des troupes pour aller au combat, ni de choisir des députés pour délibérer : il se saisit, en toute hâte et dans les mouvemens de la plus vive émotion, des armes de la nécessité ; il ne prit conseil que de son courage, et il eut pour seuls guides son zèle et le danger.

Comme souverain, il est rentré dans le calme et dans le silence après sa victoire, sa glorieuse conquête. Il contemple ses conseillers, *dont la presse, messagère constante et fidèle*, lui expose les vues, les opinions ; et quand la discussion sera épuisée, il prononcera : l'avis motivé des orateurs *élucidera* la question, et préparera les suffrages du souverain.

L'immortel auteur du *Contrat social*, dont trop de gens n'ont aperçu qu'une théorie idéale, admet la monarchie dans un grand état ; mais, dans sa pensée, elle doit être tempérée par un pouvoir sénatorial et démocratique : c'est-là le caractère du régime constitutionnel et d'une représentation vraiment nationale.

En faisant admirablement le portrait du monarque, il dit :

« Jusqu'ici, nous avons considéré le prince comme une personne morale et collective (en parlant de la *démocratie* et de l'*aristocratie*), unie par la force des lois, et dépositaire, dans ce cas, de la puissance exécutive. Nous avons maintenant à considérer cette puissance réunie entre les mains d'une personne naturelle, d'un homme réel, qui seul ait droit d'en disposer *selon les lois*. C'est ce qu'on appèle un monarque ou un roi.

» Tout au contraire des autres administrations, où un être collectif représente un individu, dans celle-ci, un individu représente un être collectif ; en sorte que l'unité mo-

2

rale, qui constitue le prince, est en même temps une unité physique, dans laquelle toutes les facultés que la loi réunit dans l'autre avec tant d'efforts, se trouvent naturellement réunies.

» Ainsi, la volonté du peuple, et la volonté du prince, et la force publique de l'état, et la force particulière du gouvernement, tout répond au même mobile; tous les ressorts de la machine sont dans la même main; tout marche au même but; il n'y a point de mouvemens opposés qui s'entre-détruisent, et l'on ne peut imaginer aucune sorte de constitution dans laquelle un moindre effort produise une action plus considérable. Archimède, assis tranquillement sur le rivage, et tirant sans peine à flot un grand vaisseau, me représente un monarque habile, gouvernant de son cabinet ses vastes états, et faisant tout mouvoir en paraissant immobile.»

Le même auteur pense que l'acte qui constitue le gouvernement, n'est point un contrat, mais une loi; que les dépositaires de la puissance exécutive ne sont point les maîtres du peuple, mais ses officiers; qu'il peut les établir et les destituer quand il lui plaît; qu'il n'est point question pour eux de contracter, mais d'obéir; et que, lorsque le peuple institue un gouvernement héréditaire, soit monarchique dans une famille, soit aristocratique dans un ordre de citoyens, ce n'est point un engagement qu'il prend, c'est une forme provisionnelle qu'il donne à l'administration, jusqu'à ce qu'il lui plaise d'en ordonner autrement.

Il insiste sur les assemblées périodiques, dont il a déjà parlé, qui sont propres à prévenir ou différer l'usurpation du gouvernement, surtout quand elles n'ont pas de convocation formelle, et qu'elles sont fixées par la constitution; car alors, le prince ne saurait les empêcher, sans se déclarer ouvertement infracteur des lois, et ennemi de l'état.

Et il ajoute que l'ouverture de ces assemblées, qui n'ont pour objet que le maintien du traité social, doit toujours se faire par deux propositions qu'on ne puisse jamais supprimer, et qui passent séparément par les suffrages :

La 1ʳᵉ. *S'il plaît au souverain de conserver la présente forme du gouvernement.*

La 2ᵉ. *S'il plaît au peuple d'en laisser l'administration à ceux qui en sont actuellement chargés.*

La nation française concilie merveilleusement l'institution monarchique avec les principes et les doctrines de ce grand publiciste, en lui associant un pouvoir *aristodémocratique;* de sorte que toutes les classes, toutes les castes, aucune sans prépondérance, concourent également à un parfait équilibre : aussi tout le monde se réunit de bonne foi, et vote par acclamation pour la maintenir.

SUR QUI DOIT TOMBER LE CHOIX.

Il semble qu'il n'y a plus de problême, et que cette question est résolue.

Le peuple, en faisant un digne usage de la souveraineté, doit confier le gouvernement à la sollicitude de celui qui offre le plus de garantie pour l'exécution du pacte : or, l'homme qui, depuis sa naissance, a su mépriser l'illusion des grandeurs pour prendre soin de ses affaires domestiques, et s'acquitter scrupuleusement des devoirs de citoyen; le citoyen qui a combattu pour la liberté, qui en a arboré les fiers insignes; un prince de cette trempe est bien digne d'une couronne, et capable de saisir le timon des charges publiques, de devenir le chef du corps politique.

Ajoutons une grande qualité : *laborieux et sagement économe.* Certes! l'habitude de diriger, avec goût et avec une grande distinction, des entreprises et des travaux particuliers, passera nécessairement dans l'ordre des monumens et des dépenses publiques : quel allégement ne doit-on pas attendre d'une telle administration, quand elle succède à un régime de dispendieuse inertie?

Le prince unanimement appelé au trône, a adopté franchement tous les signes de l'ère qui doit commencer sous son règne.

Les récompenses qu'il décerne si honorablement envers les martyrs de l'oppression, et les défenseurs de la liberté sont les plus sûrs interprètes de ses sentimens : les collaborateurs qu'il appèle à partager sa tâche, sont également des auxiliaires dignes de la plus haute confiance.

Il ne peut rester le moindre scrupule, même dans l'âme des plus incrédules, lorsqu'on le voit, en accordant un grand prix au premier chant patriotique (1), compléter l'œuvre de la nation reconnaissante qui, dans une célèbre assemblée, a doté la veuve de l'auteur de *Paul-Émile* et du *Contral social* (2), où sont tracées en lettres ineffaçables les règles de la conduite du peuple héros qui vient de régénérer la France.

Le peuple français, dans ce grand et miraculeux ensemble, s'est montré plus noble que la noblesse même; il est arrivé à son apogée : tout présage qu'il se placera sous les auspices et dans les bras d'un prince qui réunit en lui toutes les vertus éminentes du père de la patrie, et qui confondra, dans une même affection, dans les mêmes sentimens, les peuples et ses propres enfans.

---

(1) S. A. R. Monseigneur le duc d'Orléans, Lieutenant-Général du royaume, a gratifié d'une pension de 1,500 francs, l'auteur de la Marseillaise.

(2) L'assemblée nationale avait decrété une pension de 1,200 francs pour la veuve de Jean-Jacques Rousseau, auteur de *Paul-Émile* et du *Contrat social*.

La Patrie reconnaissante a accordé à ce grand homme les honneurs du Panthéon.

DOCUMENS

SUR L'ÉLECTION

De S. M. Louis-Philippe Ier,

ROI DES FRANÇAIS.

———

Dans peu de jours, le 8 août nous menaçait d'un anniversaire de douloureuse mémoire ; mais la nation n'a pas permis que le ministère conspirateur obtînt l'avantage d'une possession annale.

Le dimanche, 25 juillet, il scella les fatales ordonnances, qui anéantissaient la presse, en établissant un régime aristocratique purement absolu, et il les fit publier le lundi 26, à midi.

Leur apparition jeta le peuple dans une sorte de stupeur et de consternation : il ne régnait dans la capitale qu'un silence morne et inquiet ; on ne se recherchait que pour conjecturer et s'interroger sur les suites trop inévitables de mesures aussi déplorables.

Le Mardi 27, le Mercredi 28, et le Jeudi 29 juillet, furent des journées de deuil, dont nous n'essayerons pas de représenter les tristes et glorieux détails, crainte de commettre des erreurs dont il n'appartient qu'à la sage et impartiale histoire de pouvoir se garantir, éclairée par la grande enquête que l'autorité a ordonnée.

Mais nous publierons partout, que dans ces trois mémorables journées, la courageuse population de Paris, attaquée par la gendarmerie et la garde royale, pourvues de canons et d'abondantes munitions , excitées par des gratifications et des encouragements·meurtriers ; cette noble population , sans armes, sans chefs, ne voyant que le danger, n'écoutant que son zèle pour la liberté, unie à la justice (1); dirigée par son ardeur, par son intrépidité, a vaillamment remporté les palmes de la victoire; et qu'avant la fin du troisième jour, toutes les forces du gouvernement déchu avaient déposé les armes.

Les combattans furent secondés par ceux des citoyens qui étaient tout-à-fait dépourvus d'armes, par les femmes, les vieillards, les enfans, qui s'étaient empressés à dépaver les rues, à élever d'insurmontables barricades , à rassembler beaucoup de projectiles, et à préparer tous les moyens d'assaillir la force brutale qui voulait massacrer le peuple.

Enfin, le vendredi 30, fut l'aurore d'un nouveau siècle : le général Lafayette, le général Gérard, députés, qui, la veille, s'étaient placés à la tête de beaucoup de gardes nationaux , ressuscités de la célèbre garde licenciée, proscrite en 1827, et avaient achevé de soumettre les régimens, se réunirent aux autres députés présens. Du sein de cette assemblée, sortit un gouvernement provisoire, proclamé à la suite des affaires du 29, et qui bientôt rétablit l'ordre; il déclara siéger à l'Hôtel-de-Ville.

Immédiatement se succédèrent les actes que nous allons présenter, comme les premiers fondemens d'un gouvernement libre et généreux, qui s'est élevé sur les ruines du despotisme et d'une sanglante tyrannie.

---

(1) Le peuple était tellement animé de l'esprit de justice, qu'il a fusillé sur la place un individu qui s'était permis un larcin dans la lutte; et qu'ayant forcé la caserne de la gendarmerie, rue du Faubourg-Saint-Martin, il fit un auto-da-fé des ustensiles qui s'y trouvaient, et jeta au feu jusqu'à l'or et l'argent monnoyé trouvé en caisse, parce qu'il refusa de l'enlever, de peur d'être inculpé de vol et de pillage.

Le gouvernement provisoire, frappé de l'urgente nécessité de donner un régulateur à la chose publique, en l'absence du Roi qui s'était enfui, et avait encore refusé, le mercredi 28, de faire cesser la mitraille pleuvant sur les citoyens, déféra la lieutenance générale du Royaume à Son Altesse Royale le duc d'Orléans, qui se rendit à Paris, et adressa au peuple ces paroles :

« Habitants de Paris !

» Les députés de la France, en ce moment réunis à Paris, » m'ont exprimé le désir que je me rendisse dans la capitale » pour y exercer les fonctions de Lieutenant - Général du » Royaume.

» Je n'ai pas balancé à venir partager vos dangers, à me » placer au milieu de votre héroïque population, et à faire » tous mes efforts pour vous préserver des calamités de la » guerre civile et de l'anarchie.

» En rentrant dans la ville de Paris, je portais avec orgueil » ces couleurs glorieuses, que vous avez reprises et que j'a- » vais moi-même long-temps portées.

» Les chambres vont se réunir : elles aviseront aux moyens » d'assurer le règne des lois, et le maintien des droits de la » nation.

» La Charte sera désormais une vérité.

» Louis-Philippe d'ORLÉANS. »

Son Altesse Royale fut reçue à l'Hôtel-de-Ville par le gouvernement provisoire, au milieu des députés et de nombre de membres de la chambre des pairs, réunis.

Le général Lafayette vint au-devant du prince, qui s'appuya sur le bras de ce chef perpétuel de la garde nationale parisienne, et qui fut accueilli par des acclamations universelles.

Des félicitations furent adressées au courage héroïque des habitants de Paris, et, en particulier, au zèle, à l'habileté et à la fermeté des Elèves de l'École Polytechnique, qui avaient dirigé avec intrépidité et une rare intelligence, les principales opérations, ainsi qu'aux Elèves de l'École de médecine et de l'École de droit, qui avaient tous concouru à rendre éclatantes toutes les phases des trois journées.

Les mesures de détail furent sagement prises pour assurer la tranquillité, qui ne fut troublée sur aucun point, pendant que la garde nationale et les habitants volontairement guidés par l'enthousiasme patriotique, se mirent en campagne pour dissiper les débris des forces royales, repliés sur Rambouillet, après lesquels coururent aussi des bataillons arrivant de Rouen, Evreux, Elbeuf, la Hâvre et autres départements, qui s'étaient levés spontanément pour voler au secours de la capitale.

Enfin, le 3 août, jour fixé par la convention des chambres législatives, Son Altesse Royale, le LIEUTENANT-GÉNÉRAL du Royaume, vint procéder à l'ouverture par le discours de l'inauguration d'un nouveau règne, dont les orateurs de la nation étaient chargé de préparer les voies.

Le prince, accueilli par l'applaudissement général et par le cri unanime de *Vive la Charte! Vive le duc d'Orléans!* prit séance et prononça énergiquement ce discours :

« Paris, troublé dans son repos par une déplorable violation de la Charte et des lois, les défendait avec un courage héroïque! au milieu de cette lutte sanglante, aucune des garanties de l'ordre social ne subsistait plus. Les personnes, les propriétés, les droits, tout ce qui est précieux et cher à des hommes et à des citoyens, courait les plus graves dangers.

» Dans cette absence de tout pouvoir public, le vœu de mes concitoyens s'est tourné vers moi; ils m'ont jugé digne de concourir avec eux au salut de la patrie; ils m'ont invité à exercer les fonctions de lieutenant-général du royaume.

» Leur cause m'a paru juste, les périls immenses, la nécessité impérieuse, mon devoir sacré. Je suis accouru au milieu de ce vaillant peuple, suivi de ma famille , et portant ces couleurs qui , pour la seconde fois , ont marqué parmi nous le triomphe de la liberté.

 » Je suis accouru , fermement résoulu à me dévouer à tout ce que les circonstances exigeraient de moi, dans la situation où elles m'ont placé, pour établir l'empire des lois, sauver la liberté menacée , et rendre impossible le retour de si grands maux, en assurant à jamais le pouvoir de cette Charte , dont le non , invoqué pendant le combat , l'était encore après la victoire.

» Dans l'accomplissement de cette noble tâche , c'est aux Chambres qu'il appartient de me guider. Tous les droits doivent être solidement garantis; toutes les institutions nécessaires à leur plein et libre exercice doivent recevoir les développemens dont elles ont besoin. Attaché de cœur et de conviction aux principes d'un gouvernement libre , j'en accepte d'avance toutes les conséquences.

» Je crois devoir appeler dès aujourd'hui votre attention sur l'organisation des gardes nationales, l'application du jury aux délits de la presse , la formation des administrations départementale et municipale, et, avant tout , sur cet article 14 de la Charte , qu'on a si odieusement interprêté.

» C'est dans ces sentimens, messieurs, que je viens ouvrir cette session.

» Le passé m'est douloureux; je déplore des infortunes que j'aurais voulu prévenir; mais, au milieu de ce magnanime élan de la capitale et de toutes les cités françaises , à l'aspect de l'ordre renaissant avec une merveilleuse promptitude , après une résistance pure de tout excès, un juste orgueil national émeut mon cœur , et j'entrevois avec confiance l'avenir de la patrie.

» Oui, Messieurs, elle sera heureuse et libre cette France, qui nous est si chère ; elle montrera à l'Europe qu'uniquement occupée de sa prospérité intérieure, elle chérit la paix

aussi bien que la liberté, et ne veut que le bonheur et le repos de ses voisins.

» Le respect de tous les droits, le soin de tous les intérêts, la bonne foi dans le gouvernement, sont le meilleur
moyen de désarmer les partis et de ramener dans les esprits
cette confiance, dans les institutions cette stabilité, seuls
gages assurés du bonheur des peuples et de la force des
états.

» Messieurs les Pairs et messieurs les Députés, aussitôt
que les Chambres seront constituées, je ferai porter à votre
connaissance l'acte d'abdication de S. M. le roi Charles X:
par ce même acte, S. A. R. Louis-Antoine de France,
Dauphin, renonce également à ses droits. Cet acte a été remis entre mes mains, hier, 2 août, à 11 heures du soir.
J'en ordonne, ce matin, le dépôt dans les archives de la
Chambre des Pairs, et je le fais insérer dans la partie officielle
du Moniteur. »

Ce discours, plusieurs fois interrompu par de bruyantes,
acclamations, se termine au milieu des mêmes marques d'un
assentiment universel.

Les trois jours suivans ont été consacrés aux grands intérêts de la nation, qui comprennent les grands intérêts du
trône, et après de profondes discussions, de vives agitations,
la Chambre des députés a déclaré modifiée la Charte constitutionnelle, dont le texte *est désormais une vérité constante.*

Charte Constitutionnelle.

PRÉAMBULE.

La Chambre des Députés, prenant en considération l'impérieuse nécessité qui résulte des événemens des 27, 28, 29 juillet dernier et jours suivants, et de la situation générale où la France s'est trouvée placée à la suite de la victoire remportée au nom de la Charte constitutionnelle et par l'héroïque résistance des citoyens de Paris,

Déclare que le trône est vacant en fait et en droit, par suite de la violation de la Charte et des lois, et qu'il est indispensable d'y pourvoir.

La Chambre des Députés déclare secondement que, selon le vœu et dans l'intérêt du peuple français, le préambule de la Charte constitutionnelle est supprimé.

DROIT PUBLIC DES FRANÇAIS.

ARTICLE PREMIER. Les Français sont égaux devant la loi, quels que soient d'ailleurs leurs titres et leurs rangs.

ART. 2. Ils contribuent indistinctement, dans la proportion de leur fortune, aux charges de l'État.

ART. 3. Ils sont tous également admissibles aux emplois civils et militaires.

ART. 4. Leur liberté individuelle est également garantie, personne ne pouvant être poursuivi ni arrêté que dans les cas prévus par la loi, et dans la forme qu'elle prescrit.

ART. 5 Chacun professe sa religion avec une égale liberté, et obtient pour son culte la même protection.

Art. 6. Les ministres de la religion catholique, apostolique et romaine, *professée par la majorité des Français*, et ceux des autres cultes chrétiens, reçoivent des traitemens du trésor public.

Art. 7. Les Français ont le droit de publier et de faire imprimer leurs opinions, en se conformant aux lois.

La censure ne pourra jamais être rétablie.

Art. 8. Toutes les propriétés sont inviolables, sans aucune exception de celles qu'on appelle *nationales*, la loi ne mettant aucune différence entre elles

Art. 9. L'État peut exiger le sacrifice d'une propriété pour cause d'intérêt public légalement constaté, mais avec une indemnité préalable.

Art. 10. Toutes recherches des opinions et votes émis jusqu'à la restauration sont interdites ; le même oubli est commandé aux tribunaux et aux citoyens.

FORME DU GOUVERNEMENT.

Art. 11. La conscription est abolie. Le mode de recrutement de l'armée de terre et de mer est déterminé par une loi.

Art. 12. La personne du roi est inviolable et sacrée. Se ministres sont responsables. Au roi seul appartient la puissance exécutive.

Art. 13. Le Roi est le chef suprême de l'État ; il commande les forces de terre et de mer, déclare la guerre, fai les traités de paix, d'alliance et de commerce, nomme tous les emplois d'administration publique, et fait les régle mens et ordonnances nécessaires pour l'exécution des lois *sans pouvoir jamais ni suspendre les lois elles-mêmes, n dispenser de leur exécution.*

Toutefois aucune troupe étrangère ne pourra être admise au service de l'État sans une loi.

Art. 14. La puissance législative s'exerce collectivement

par le Roi, la Chambre des Pairs et la Chambre des Députés.

ART. 15. La proposition des lois appartient au Roi, à la
Chambre des Pairs et à la Chambre des Députés.

Néanmoins toute loi d'impôt doit être d'abord votée par
la Chambre des Députés.

ART. 16. Toute loi peut être discutée et votée librement
par la majorité de chacune des deux Chambres.

ART. 17. Si une proposition de loi a été rejetée par l'un
des trois pouvoirs, elle ne pourra être reproduite dans la
même session.

ART. 18 Le Roi seul sanctionne et promulgue les lois.

ART. 19. La liste civile est fixée pour toute la durée du
règne, par la première législature assemblée depuis l'avènement du Roi.

DE LA CHAMBRE DES PAIRS.

ART. 20. La Chambre des Pairs est une portion essentielle
de la puissance législative.

ART. 21. Elle est convoquée par le Roi en même tems
que la Chambre des Députés des départemens. La session
de l'une commence et finit en même tems que celle de
l'autre.

ART. 22. Toute assemblée de la Chambre des Pairs qui
serait tenue hors du tems de la session de la Chambre des
Députés est illicite et nulle de plein droit, *sauf le seul cas
où elle est réunie comme cour de justice, et alors elle ne peut
exercer que des fonctions judiciaires.*

ART. 23. La nomination des Pairs de France appartient
au Roi, leur nombre est illimité ; il peut en varier les di-
gnités, les nommer à vie, ou les rendre héréditaires, selon
sa volonté.

ART. 24. Les Pairs ont entrée dans la Chambre à vingt-cinq ans, et voix délibérative à trente ans seulement.

ART. 25. La Chambre des Pairs est présidée par le chancelier de France, et, en son absence, par un pair nommé par le Roi.

ART. 26. Les princes du sang sont Pairs par droit de naissance ; ils siégent immédiatement après le président.

ART. 27. Les séances de la Chambre des Pairs sont publiques, comme celles de la Chambre des Députés.

ART. 28. La Chambre des Pairs connaît des crimes de haute trahison et des attentats à la sûreté de l'Etat, qui seront définis par la loi.

ART. 29. Aucun Pair ne peut être arrêté que de l'autorité de la Chambre, et jugé que par elle en matière criminelle.

DE LA CHAMBRE DES DÉPUTÉS DES DÉPARTEMENS.

ART. 30. La Chambre des Députés sera composée des Députés élus par les colléges électoraux, dont l'organisation sera déterminée par les lois.

ART. 31. Les Députés seront élus pour cinq ans.

ART. 32. Aucun Député ne peut être admis dans la Chambre, s'il n'est âgé de trente ans, et s'il ne réunit les autres conditions déterminées par la loi.

ART. 33. Si néanmoins il ne se trouvait pas dans le département 50 personnes de l'âge indiqué, payant le cens d'éligibilité déterminé par la loi, leur nombre sera complété par les plus imposés au-dessous de ce cens.

ART. 34. Nul n'est électeur s'il a moins de vingt-cinq ans et s'il ne réunit les autres conditions déterminées par la loi.

ART. 35. Les présidens des colléges électoraux sont nommés par les électeurs.

ART. 36. La moitié au moins des Députés sera choisie parmi les éligibles qui ont leur domicile politique dans le département.

Aʀт. 37. Le président de la Chambre des Députés est élu par elle à l'ouverture de chaque session.

Aʀт. 38. Les séances de la Chambre sont publiques ; mais la demande de cinq membres suffit pour qu'elle se forme en comité secret.

Aʀт. 39. La Chambre se partage en bureaux pour discuter les projets qui lui ont été présentés de la part du Roi.

Aʀт. 40. Aucun impôt ne peut être établi ni perçu, s'il n'a été consenti par les deux Chambres et sanctionné par le Roi.

Aʀт. 41. L'impôt foncier n'est cosnenti que pour un an. Les impositions indirectes peuvent l'être pour plusieurs années.

Aʀт. 42. Le Roi convoque chaque année les deux Chambres ; il les proroge, et peut dissoudre celle des Députés des départemens ; mais, dans ce cas, il doit en convoquer une nouvelle dans le délai de trois mois.

Aʀт. 43. Aucune contrainte par corps ne peut être exercée contre un membre de la Chambre durant la session, et dans les six semaines qui l'auront précédée ou suivie.

Aʀт. 44. Aucun membre de la Chambre ne peut, pendant la durée de la session, être poursuivi ni arrêté en matière criminelle, sauf le cas de flagrant délit, qu'après que la Chambre a permis sa poursuite.

Aʀт. 45. Toute pétition à l'une et à l'autre des Chambres, ne peut être faite et présentée que par écrit. La loi interdit d'en apporter en personne à la barre.

DES MINISTRES.

Aʀт. 46. Les ministres peuvent être membres de la Chambre des Pairs ou de la Chambre des Députés. Ils ont en outre leur entrée dans l'une ou l'autre Chambre, et doivent être entendus quand ils le demandent.

Aʀт. 47. La Chambre des Députés a le droit d'accuser les

ministres, et de les traduire devant la Chambre des Pairs, qui seule a celui de les juger.

DE L'ORDRE JUDICIAIRE.

Art. 48. Toute justice émane du Roi. Elle s'administre en son nom par des juges qu'il nomme et qu'il institue.

Art. 49. Les juges nommés par le Roi sont inamovibles.

Art. 50. Les cours et tribunaux ordinaires actuellement existans sont maintenus, il n'y sera rien changé qu'en vertu d'une loi.

Art. 51. L'institution actuelle des juges de commerce est conservée.

Art. 52. La justice de paix est également conservée. Les juges de paix, quoique nommés par le Roi, ne sont point inamovibles.

Art. 53. Nul ne peut être distrait de ses juges naturels.

Art. 54. Il ne pourra en conséquence être créé de commissions et tribunaux extraordinaires, à quelque titre et sous quelque dénomination que ce puisse être.

Art. 55. Les débats seront publics en matière criminelle, à moins que cette publicité ne soit dangereuse pour l'ordre et les mœurs; et, dans ce cas, le tribunal le déclare par un jugement.

Art. 56. L'institution des jurés est conservée. Les changemens qu'une plus longue expérience ferait juger nécessaires ne peuvent être effectués que par une loi.

Art. 57. La peine de la confiscation des biens est abolie et ne pourra pas être rétablie.

Art. 58. Le Roi a le droit de faire grâce, et celui de commuer les peines.

Art. 59. Le Code civil et les lois actuellement existantes, qui ne sont pas contraires à la présente Charte, restent en vigueur jusqu'à ce qu'il y soit légalement dérogé.

DROITS PARTICULIERS GARANTIS PAR L'ÉTAT.

Art. 60. Les militaires en activité de service, les officiers et soldats en retraite, les veuves, les officiers et soldats pensionnés, conserveront leurs grades, honneurs et pensions.

Art. 61. La dette publique est garantie. Toute espèce d'engagement pris par l'État avec ses créanciers est inviolable.

Art. 62. La noblesse ancienne reprend ses titres ; la nouvelle conserve les siens. Le Roi fait des nobles à volonté ; mais il ne leur accorde que des rangs et des honneurs, sans aucune exemption des charges et des devoirs de la société.

Art. 63. La Légion-d'Honneur est maintenue. Le Roi déterminera les réglemens ultérieurs et la décoration.

Art. 64. Les colonies sont régies par des lois *particulières.*

Art. 65. Le Roi et ses successeurs jureront, *à leur avènement*, en présence des Chambres réunies, d'observer fidèlement la présente Charte constitutionnelle.

Art. 66. La présente Charte et tous les droits qu'elle consacre, demeurent confiés au patriotisme et au courage des gardes nationales et de tous les citoyens français.

DISPOSITION PARTICULIÈRE.

Toutes les nominations et créations nouvelles de Pairs, faites sous le règne de Charles X, sont déclarées nulles et non avenues.

Et pour prévenir le retour des graves abus qui ont altéré le principe de la Pairie, l'article 23 de la Charte sera soumis à un nouvel examen dans la session de 1831.

La Chambre des Députés déclare troisièmement qu'il est nécessaire de pourvoir successivement, par des lois séparées et dans le plus court délai possible, aux objets qui suivent :

1° L'application du jury aux délits de la presse et délits politiques ;

2° La responsabilité des ministres et des autres agens du pouvoir ;

3° La réélection des Députés promus à des fonctions publiques ;

4° Le vote annuel du contingent de l'armée ;

5° L'organisation de la garde nationale, avec intervention des gardes nationaux dans le choix de leurs officiers ;

6° Des dispositions assurant d'une manière légale l'état des officiers de tout grade ;

7° Des institutions départementales et municipales fondées sur un système électif ;

8° L'instruction publique et la liberté de l'enseignement ;

9° L'abolition du double vote et la fixation des conditions électorales et d'éligibilité.

Les lois et ordonnances antérieures, en ce qu'elles ont de contraire à la Charte, sont et demeurent nulles et de nul effet.

Moyennant l'acceptation de ces dispositions et propositions, la Chambre des Députés déclare enfin que l'intérêt universel et pressant du peuple français appèle au trône S. A. R. Louis-Philippe d'ORLÉANS, duc d'Orléans, lieutenant-général du royaume, et ses descendans, à perpétuité, de mâle en mâle, par ordre de primogéniture, et à l'exclusion perpétuelle des femmes et de leur descendance.

En conséquence, Son Altesse Royale Louis-Philippe d'OR-LÉANS, duc d'Orléans, lieutenant-général du royaume, sera invité à accepter et à jurer les clauses et engagemens ci-dessus énoncés, l'observation de la Charte constitutionnelle et des modifications indiquées, et après l'avoir fait devant les Chambres assemblées, à prendre le titre de *Roi des Français*.

ACTE ADDITIONNEL.

La France reprend ses couleurs. A l'avenir, il ne sera plus porté d'autre cocarde que la cocarde tricolore.

Ces actes, officiellement communiqués à son altesse royale le Lieutenant-Général du royaume, la solennité de l'acceptation et du serment a été fixée au lundi, 9 août.

Le 9, dès sept heures du matin, la foule se pressait aux portes du palais, à dix heures elle avait envahi toutes les tribunes.

A midi tous les Députés sont présens.

Les Pairs sont au nombre de quatre-vingt-dix.

Quatre grands drapeaux tricolores flottent à droite et à gauche du trône.

La garde nationale fait seule le service du palais.

A une heure, les commissaires provisoires aux divers départemens de la justice, de l'intérieur, des affaires étrangères, de la guerre, des finances et de l'instruction publique entrent dans la salle.

MM. Guizot, Bignon, Louis prennent place sur la banquette à gauche.

MM. Dupont (de l'Eure), comte Gérard, comte Jourdan, de Broglie, occupent la banquette de droite.

La tribune destinée à la famille du prince lieutenant-général s'ouvre à deux heures un quart. Tous les regards s'y portent.

Son Altesse Royale madame la duchesse d'Orléans entre la première ; à sa droite se placent Mademoiselle d'Orléans, le prince de Joinville et le duc de Montpensier : mesdemoiselles de Valois et de Beaujolais s'assoient à sa gauche.

On apporte sur un riche coussin et on place sur une table, à droite du trône, les attributs du pouvoir royal : la couronne, le sceptre, l'épée et la main de justice.

Quatre maréchaux de France, MM. les duc de Tarente,

de Trévise, de Reggio, et le comte Molitor, se placent debout derrière le trône.

A deux heures et demie, les sons d'une musique guerrière arrivent jusqu'à l'assemblée et annoncent le prince. Le plus profond silence s'établit sur tous les bancs.

Les grandes députations des deux Chambres, qui étaien allées au-devant du prince, rentrent dans la salle. M. Casimir Périer, président de la Chambre des Députés, M. Pasquier, président de la Chambre des Pairs, occupent les deux siéges qui leur ont été préparés.

L'état-major du prince se place à droite et à gauche dans les deux couloirs.

Le duc d'Orléans entre dans la salle, suivi de ses deux fils, le duc de Chartres et le duc de Nemours, avec les officiers de sa maison. Le prince lieutenant-général a le même costume que le jour de l'ouverture de la session. Le duc de Chartres porte l'uniforme des hussards de Chartres, et le duc de Nemours celui des chasseurs-de Nemours.

Le prince et ses deux fils s'assoient sur les trois plians placés à quelques pieds en avant du trône.

Les cris mille fois répétés : *Vive le duc d'Orléans! Vive le prince lieutenant-général! Vive sa famille!* se font entendre sur tous les bancs. Le public des tribunes mêle sa voix à ces acclamations.

S. A. R. ayant pris séance, monseigneur a dit aux pairs et aux députés : *Messieurs, asseyez-vous.*

S'adressant ensuite à M. le président de la Chambre des Députés, monseigneur lui a dit :

» M. le président de la Chambre des Députés, veuillez lire » la déclaration de la Chambre. »

M. le président en a donné lecture, et l'a portée à S. A. R., qui l'a remise à M. le commissaire provisoire du département de l'intérieur.

S'adressant également à M. le président de la Chambre des Pairs :

« M. le président de la Chambre des Pair, veuillez me
» remettre l'acte d'adhésion de la Chambre des Pairs. »

M. le président a remis l'expédition entre les mains de
monseigneur, qui en a chargé M. le commissaire provisoire au
département de la justice.

Alors monseigneur a lu son acceptation, ainsi conçue :

« Messieurs les Pairs, Messieurs les Députés,

» J'ai lu, avec une grande attention, la déclaration de la
» Chambre des Députés, et l'acte d'adhésion de la Chambre
» des Pairs. J'en ai pesé et médité toutes les expressions.

» J'accepte, sans restriction ni réserve, les clauses et en-
» gagemens que renferme cette déclaration, et le titre de Roi
» DES FRANÇAIS qu'elle me confère; et je suis prêt à en jurer
» l'observation »

Ces paroles sont à peine prononcées, que les cris : *Vive
le Roi! vive Philippe I*ᵉʳ *!* font retentir toutes les voûtes.

Son Altesse Royale s'est ensuite levée, et la tête nue, a
prêté le serment dont la teneur suit :

» En présence de Dieu, je jure d'observer fidèlement la
» Charte constitutionnelle, avec les modifications expri-
» mées dans la déclaration; de ne gouverner que par les lois
» et selon les lois; de faire rendre bonne et exacte justice à
» chacun selon son droit, et d'agir en toutes choses dans la
» seule vue de l'intérêt, du bonheur et de la gloire du peu-
» ple français. »

Ce serment, prononcé avec l'accent de la plus profonde
conviction, est accueilli par de nouvelles acclamations de
vive le Roi, *vive Philippe I*ᵉʳ. Les Chambres ET LE PEUPLE
se tournent vers la tribune qu'occupe la famille royale, et
les cris : *vive le Roi! vive la Famille royale !* éclatent dans
toute la salle, ET SONT AU LOIN RÉPÉTÉS PAR LA FOULE IMMENSE QUI
SE PRESSE AUTOUR DU PALAIS.

M. le Commissaire provisoire au département de la justice, a ensuite présenté la plume à S. A. R., qui a signé la

Charte modifiée et son serment, en trois originaux, pour rester déposés aux Archives royales, et dans celles de la Chambre des Pairs et de la Chambre des Députés.

Sa Majesté Louis-Philippe Ier, Roi des Français, s'est alors placée sur son trône, où elle a été saluée par les cris, mille fois répétés : vive le Roi !

Le silence s'étant établi, Sa Majesté a prononcé le discours suivant :

« Messieurs les Pairs, Messieurs les Députés,

» Je viens de consommer un grand acte. Je sens profon-
» dément toute l'étendue des devoirs qu'il m'impose. J'ai la
» conscience que je les remplirai. C'est avec pleine convic-
» tion que j'ai accepté le pacte d'alliance qui m'était pro-
» posé.

» J'aurais vivement désiré ne jamais occuper le trône au-
» quel le vœu national vient de m'appeler ; mais la France,
» attaquée dans ses libertés, voyait l'ordre public en péril ;
» la violation de la Charte avait tout ébranlé ; il fallait réta-
» blir l'action des lois, et c'était aux Chambres qu'il appar-
» tenait d'y pourvoir. Vous l'avez fait, Messieurs ; les sages
» modifications que nous venons de faire à la Charte garan-
» tissent la sécurité de l'avenir, et la France, je l'espère,
» sera heureuse au dedans, respectée au dehors, et la paix
» de l'Europe de plus en plus affermie. »

De nouvelles acclamations s'élèvent dans toute la salle et ne cessent que long-temps après le départ du Roi et de la famille royale.

M. le Commissaire provisoire au département de la Jus-
tice a ensuite invité MM. les Pairs et MM. les Députés à se retirer dans leurs Chambres respectives, où le serment de fidélité au roi, et d'obéissance à la Charte constitutionnelle et aux lois du royaume sera individuellement prêté par chacun d'eux ; et la séance a été levée.

Le procès-verbal de cette mémorable séance se termine
ainsi :

Fait et dressé le présent procès-verbal à Paris, le 9 août
1830.

LOUIS-PHILIPPE.

PASQUIER , président de la Chambre des Pairs. Marquis de
MORTEMART ; duc de PLAISANCE ; comte LANJUINAIS, secrétaires de
la Chambre des Pairs. Casimir PÉRIER, président de la Chambre
des Députés ; J. LAFFITTE ; DUPIN aîné ; B. DELESSERT, vice-pré-
sidens. JACQUEMINOT ; L. CUNIN-GRIDAINE ; PAVÉE DE VANDOEUVRE ;
JARS , secrétaires de la Chambre des Députés ; DUPONT (de
l'Eure), commissaire provisoire au département de la Justice.
GUIZOT, commissaire provisoire au département de l'Intérieur.

Voilà donc un acte revêtu de la majestueuse solennité ré-
sultant du concours du peuple par ses élus, et de l'auguste
personne du monarque. Il est scellé dans la forme d'un acte
bilatéral ou synallagmatique ; les deux parties, c'est-à-dire
la nation, *proposant*, par ses orateurs, et en sa présence, et
le prince, *acceptant*, en personne, les conditions renfermées
dans ce pacte, le sanctionnent par leurs signatures, par le
serment exigé et prêté. Ce serment, qui est la garantie la
plus sainte, la plus sacrée, le lien le plus vénérable chez les
nations civilisées, qui est enfin l'expression inviolable de la
foi, essence du traité, a été proféré en présence de Dieu et
en face du peuple, qui a reçu ce gage de la parole royale,
oracle de ses destinées.

Le prince s'est engagé envers le peuple, envers la nation,
elle-même, dont les députés n'étaient que les organes ; et le
peuple, après avoir stipulé, lui-même, a tellement prononcé,
par d'unanimes acclamations, son assentiment direct et im-
médiat au choix du monarque, que si ce n'était pas de son
libre consentement, les trois journées de juillet sont là pour
témoigner de l'énergie avec laquelle il aurait protesté contre
une élection qui n'aurait pas été son ouvrage.

En colligeant ainsi les préceptes enseignés par le législa-
teur-philosophe, digne mentor des gouvernans, et paraphrasés.

par les phases de ces trois journées mémorables, qui ont opéré le miracle du règne des lois et de l'affranchissement de l'esclavage, ce petit travail n'a été dirigé par nulle autre ambition que le besoin de présenter une offrande au glorieux veuvage, vainqueur du despotime, et exprimer notre gratitude envers les victimes de ce beau triomphe.

C'est afin d'acquitter cette dette de la reconnaissance, que nous faisons nos efforts pour propager et soumettre à la curiosité patriotique les monumens sur lesquels sont assises les bases d'un gouvernement libre et fort.

Le monarque élu par le peuple saura se dégager des dispendieuses inutilités qui absorbaient une cour dominée par le fanatisme, et tombée dans l'abîme de prétentions antinationales, entraînant des ruines déplorables ; il saura, par une sage économie, soulager la nation d'une grande portion du fardeau des charges publiques, monstrueusement accumulées par la foule effrayante des abus, qui pullulaient à l'ombre du trône renversé.

En contemplant encore l'image de ces grands mouvemens, imprévus, inopinés, qui ont produit un aussi sublime résultat, on se trouve heureux d'en avoir été témoin et acteur.

Mais on ne peut admirer ces merveilles sans manifester le vœu arraché par la nécessité de cicatriser deux plaies profondes qui se font douloureusement sentir :

1° *Juste indemnité à accorder aux familles des défenseurs de la patrie, morts ou blessés par suite des troubles.*

Il faut rendre justice au gouvernement, à la bienfaisance publique et à la générosité des citoyens en France ; chacun rivalise de sentiment pour payer cette dette de la reconnaissance ; et nous devons même un grand tribut d'admiration aux étrangers, qui veulent aussi contribuer à cet acte d'humanité ; mais il est une classe qui devrait s'imposer aussi : c'est celle des solliciteurs de places ou emplois.

Ils se félicitent beaucoup du renversement de la tyrannie, et suivant leur langage, il faut en extirper jusqu'aux plus profondes racines ; c'est-à-dire qu'il faut vider les places pour les leur céder, et qu'ils n'attendront pas qu'on les y appèle : c'est là ordinairement la pâture des révolutions !

Il y a sans doute de très-utiles réformes à faire et qui ne doivent être que l'œuvre impartial de l'autorité ; mais il semble de toute équité que le solliciteur, qui obtient justice ou faveur, verse aux malheureuses familles qui lui ont ouvert la porte à un emploi lucratif, la juste indemnité qu'elles se sont méritée au prix de leur sang, en remportant une prompte victoire, dont la célérité à épargné, elle seule, de grands sacrifices à la nation.

Le nouveau titulaire ne fera pas une trop grande générosité en abandonnant au moins une année de son traitement au profit des familles victorieuses, en la divisant par quart sur chacune des premières années.

On devrait appliquer au même objet, et dans la même proportion, les économies à faire sur les sinécures.

2° *Mesures pour subvenir aux besoins des classes mercénaires aux époques calamiteuses qui les réduisent à la privation de subsistances.*

L'ébranlement occasioné par le choc des événemens de juillet, a jeté, dans quelques têtes des classes indigentes et malheureuses, certaines germes d'une humeur exigeante, sous prétexte de besoins, que peut-être plusieurs éprouvent réellement. Mais il faut convenir, à la louange du gouvernement naissant, que les moyens employés pour y remédier semblent devoir faire cesser tout sujet de réclamation actuelle.

Cependant, il est trop vrai que dans des temps calamiteux il y a besoin indispensable de ressources extraordinaires, pour les familles qui ne peuvent vivre que du produit d'un travail journalier.

Or, ne peut-on point user de moyens économiques pour

amasser un fonds de réserve auquel on aurait recours dans des occasions nécessiteuses ?

Chaque chef d'atelier ou d'entreprise pourrait stipuler avec l'ouvrier une retenue sur chaque journée, dont moitié à la charge du patron, et moitié à la charge du journalier.

Cette retenue, fixée, par exemple, à cinq centimes par jour, ou plus, ou moins, dont chacun moitié, serait de 3o cent. la semaine, à contribuer en commun, et au bout de l'année, cela fournirait une masse d'environ 15 fr.

Cette réserve ne tarderait pas à former un capital considérable, dont l'intérêt pourrait être employé au soulagement des vieillards, veuves, enfans et infirmes, ou être capitalisé ; et dans le cas d'une grande pénurie, le fonds de réserve pourrait être attaqué et distribué, en tout ou en partie, aux pauvres ouvriers qui se trouveraient dans le besoin.

Une sage administration pourrait être gratuitement établie pour veiller à la conservation de ce fonds, qui serait pour la société une ancre de salut.

Que si on objecte que le projet est tardif, parce qu'il ne peut pas servir à adoucir la crise passée, je répliquerai que si ce remède ne paraît plus utile maintenant comme moyen de sûreté actuelle, puisque le gouvernement, dans ses vues paternelles, et par des lois bienfaisantes, a assuré la plus grande activité dans les travaux de tous les genres ; et que déjà nous avons à benir l'avènement d'un prince essentiellement laborieux et économe, dont le règne s'ouvre, sous d'heureux auspices, aux plus douces espérances, du moins, ce serait une grande mesure de sécurité pour l'avenir.

ABOLITION DE LA PEINE DE MORT.

On ne peut terminer cette petite collection sans exprime publiquement le vœu de voir triompher une opinion parlementaire pour laquelle doivent militer tous les cœurs sensibles.

Proscrire la peine capitale serait un nouvel œuvre digne de la grandeur, de la puissance du peuple français!

Lorsque le gouvernement dégénéré voulut, par une de ces mesures qui décelaient sa débilité, sa faiblesse, frapper de mort la première force de l'empire, son ordonnance ne fut qu'un soporifère, qui produisit une létargie de trois ans et trois mois; mais, après un sommeil long et inquiet, le réveil de la garde nationale a été celui du lion. Il a prouvé glorieusemeut que la garde parisenne peut sommeiller quelquefois, mais qu'elle ne meurt jamais.

Quoique saisie d'une sainte fureur, elle s'est contentée d'éconduire les usurpateurs; eux, cependant, avaient dirigé leurs traits homicides contre l'élite de la nation, qui, au milieu de son auguste assemblée, a fait entendre une voix forte, une voix universelle, dont l'écho retentit dans les deux émisphères, et qui a plaidé éloquemment la cause de l'humanité, le généralissime des gardes nationales du royaume a voté noblement l'abolition de la peine de mort; l'écho se répétera dans tous les rangs qu'il commande; et on doit augurer que sous l'heureux règne qui ne promet que, des bienfaits, aucun échafaud ne sera teint du sang français.

A Rome, autrefois, on a aboli le droit de vie et de mort que le père avait sur ses enfans, le patron sur ses esclaves; la république ne s'en est pas trouvée en plus grand péril. En France, il y a un demi-siècle, beaucoup de simples larcins étaient punis du dernier supplice; la loi est devenue moins barbare et son indulgence n'a pas augmenté les désordres : achevons donc d'enlever cette tache de sang qui l'outrage et la déshonore ; ce sera lui donner tout le lustre et toute la pureté dignes du degré de civilisation qui distingue si éminemment la nation française, à laquelle on a fait trop long-temps adopter le système impliquant de punir l'assassinat par l'homicide, que la force publique fait commettre avec le plus terrible appareil : n'est-il pas d'une vérité démontrée que le peuple français affronte la mort pour éviter l'esclavage et l'infâmie !

Si la manie de cette espèce d'iconoclastes, briseurs de machines ou de leurs images, soufflés par la malveillance ne peut s'arrêter et se calmer, il serait d'une sage philantropie qu'une loi, émanée de la clémence nationale, lui permît de briser le glaive sanguinaire, et de renverser cette mécanique infernale que les parques cruelles, ont érigée pour trancher si artistement le fil de tant de jours empoisonnés par le malheur !